HILFE !

-ruft die E R D E

Liebe Leser, in diesem, meinem Dialog zwischen mir und der Erde benutze ich zur Vereinfachung einen Kreis für die Erde und ein Rechteck für mich, damit ihr wisst wer gerade am Wort ist.

☹ Hilfe, ist da Niemand der mich hört! Ich bin krank. Parasiten Namens „Menschen" haben mich besiedelt und zerstören Stück für Stück mein Erdenklima. Ich kriege kaum noch Luft. Ich habe mich über sie erkundigt und mir wurde vom intergalaktischen Rat gesagt, dass diese Menschen ursprünglich Affen waren. Friedliebende Wesen, sehr sozial, familienfreundlich und klug. Ich fragte die Affen. Doch die bestritten vehement, dass der Mensch von Ihnen abstammt und falls doch hat er sich stark zum Nachteil verändert.

Der Ober-Affe fragte mich? Hast du schon einmal einen Affen gesehen der wie ein Irrer arbeitet, immer mehr will, Seinesgleichen tötet und belügt und betrügt? Ich konnte diese Frage definitiv verneinen. Also kann es nicht sein, dass der Mensch vom Affen abstammt. Na gut sagte ich mir, aber wer sind sie dann und was wollen sie von mir? Ich, die sie beherberge und ernähre erwarte mir mehr Dankbarkeit und Respekt. Begreifen sie denn nicht, dass wenn sie mich zerstören sie auch ihre Existenz damit gefährden. Es gibt in ihren Kreisen viele Berufsgruppen und Menschen mit vielen Fähigkeiten und Talenten. Warum benutzen sie nicht ihren Verstand um ihr und mein Überleben zu sichern.

 wie eine Schallwelle verbreitet sich der Ruf um meinen Umfang und ins All hinaus. Will mich denn niemand hören. Verzweifelt und auch schon wütend schnaubte und hustete ich und verursachte dadurch Erdbeben und Vulkanausbrüche, Stürme und meine Tränen sorgten für Überschwemmungen unendlichen Ausmaßes. Die

Menschen leiden unter diesen Katastrophen doch sie begreifen noch immer nicht, dass sie die wahren Verursacher sind. Und so schreie ich weiter um Hilfe.

☐   Hallo, wer schreit denn da gar so jämmerlich um Hilfe?

☹   Ich konnte es kaum glauben. Es hat mich jemand gehört. Habe ich mir das eingebildet oder werde ich schon verrückt. Wer ist da?

☐   Ich, Lydia. Ich bin ein Mensch. Ich bin eine von vielen die deine Schreie hören kann doch es sind trotzdem noch zu wenige um etwas zu bewirken. Doch du sollst wissen, dass wir Tag und Nacht daran arbeiten werden, dass es immer mehr werden denen dein

Wohlergehen am Herzen liegt. Bei uns gibt es ein Sprichwort das lautet: „ Man soll die Hand die einen füttert nicht beißen". Du sollst auch wissen, dass nicht nur du krank bist sondern auch wir an Leib und Seele immer kränker werden. In den Anfängen galt es im Einklang mit der wunderbaren Natur zu überleben. Die ersten Menschen nahmen nur das was sie im Moment zum Leben brauchten. Na ja es waren natürlich noch nicht so viele. Doch der Mensch muss sich vermehren sonst stirbt er aus. Der Herrgott hat uns zusätzlich die Lust gegeben und so werden es unweigerlich immer mehr. Und so ging es eine Weile gut. Der Mensch wuchs auch an Verstand.

Learning by doing. Sie machten sich Kleider und bauten sich Häuser. Krankheiten gab es fast keine und so lebten sie glücklich in den Tag hinein. Doch irgendeiner fing damit an. Der **NEID** kam ins Spiel.

☹ Was ist Neid?

☐ Nun wie soll ich dir das erklären. Lass mich kurz überlegen. Ein für dich verständliches Beispiel: Du bist so groß und rund und hast viele Bodenschätze. Ich bin klein und kantig und habe nur mich. Das ist mir zu wenig. Ich möchte so viel wie du. Ich bin es dir neidisch. Verstanden?

☹ Ja ich denke schon. Doch das ist doch ziemlich dumm.

☐ Das ist das Grundübel der Menschheit. Es gibt sogar Menschen die nach dem Motto leben „ Was dir gehört gehört auch mir und was mir gehört geht dich nichts an". Doch das ist noch lange nicht alles. Es kommt leider noch vieles dazu dass ich dir im Laufe der Zeit erklären werde. Es sind traurige Geschichten. Du musst mir aber versprechen nicht wieder zu weinen, denn wir hatten in letzter Zeit viele Überschwemmungen.

Also weiter. Wo waren wir stehen geblieben ? Ach ja bei den Steinzeitmenschen. Der Mensch ist mit einem Verstand ausgestattet. Zum jetzigen Zeitpunkt bezweifle ich das stark. Doch gehen wir davon aus. Diesen verwendete er um sich weiterzuentwickeln. Er schaute sich vieles von der Natur ab. Sie war ihm ein guter Lehrmeister. Zum Dank dafür macht er sie jetzt kaputt. Und da die Menschen so verschieden sind lebte jeder auf seine Weise so gut er konnte. Und auch damals gab es schon welche die es bequemer fanden sich zu nehmen was ihnen gefiel. Auch wenn es ihnen nicht gehörte. Und so entstand **STREIT** und **KAMPF**. Die Häuser bekamen Türen zum verriegeln und Fenster mit Gittern. Das war das Zeitalter wo man seinen Besitz zu verteidigen begann. Waffen gab es ja schon.

Die brauchte man zum Jagen. Doch nun richteten sich die Waffen gegen die eigene Rasse. Die Erde wurde traurig und es kullerten bereits Tränen aus ihren Augen. Das war das Zeichen für mich mit meinen Erzählungen aufzuhören.

Ich mache dir einen Vorschlag. Ich sehe es wird dir zu viel. Wir machen morgen weiter.

Am nächsten Tag rief ich die Erde, denn sie ließ nichts von sich hören. Hallo Erde kannst du mich hören? Wenn ich dich daran erinnern darf hast du um Hilfe gerufen und nun willst du kneifen. Ich weiß dass es keine leichte Kost ist die ich dir da vorsetze aber es muss sein. Wir, und das sind schon ganz schön viele, sind bereit für dich zu kämpfen. Nicht mit Waffen sondern mit Argumenten, Taten und Fakten. Ich kann und will es dir auch nicht ersparen dir dies alles anzuhören. Es sind Bausteine zum Ganzen. Du sollst schließlich verstehen warum es so weit gekommen ist.

Wir geben die Hoffnung nicht auf, dass der Mensch zur Besinnung kommen wird, denn er besitzt außer seinem Verstand auch noch ein Herz und das wird siegen. So … und jetzt melde dich sonst werde ich sauer.

☹ Hallo Lydia, sei mir bitte nicht böse aber deine Erzählungen machen mich traurig.

☐   Gut Erde das kann ich verstehen doch es hilft uns nicht weiter. Wir Menschen sind von Grund auf nicht böse. Wir sind einfach nur menschlich mit allen Vor- und Nachteilen die uns unser Schöpfer mitgegeben hat.   So nach dem Motto „ Schaun wir mal was sie draus machen". So eine Art Eignungstest für die Ewigkeit. Wir sind zwar nicht durchgefallen aber bestanden haben wir noch lange nicht. Das nächste große Problem entstand in der Beziehung der Geschlechter Mann und Frau und ich denke der Mann der da sagte „Die Frau sei dem Manne Untertan" der muss wirklich was Starkes geraucht haben. Wie kommt man nur auf eine so blöde Idee. Unter dem

Deckmantel der starke Mann beschützt die schwache Frau, galt das Jahrtausende als geschriebenes Gesetz. In Wirklichkeit war es kein beschützen. Es war Entmündigung und Unterdrückung. Solch ungeheuerliche Dinge passieren auch heute noch. Die Beschneidung, die Vermummung, Vergewaltigungen, kein Wahlrecht und viele Einschränkungen mehr.

Es gibt auch heute noch starke Männer doch denen würde im Traum nicht einfallen die Frau nicht als gleichwertigen Partner zu sehen. Das machen nur die Schwachen die in Wirklichkeit die Klugheit der Frau brauchen. Und weil es dann so kam wie es kommen musste entstanden Kriege wo man den Besitz „Frau" verteidigen musste. Das war ja noch nicht so schlimm, denn das fochten sich die betroffenen Männer unter sich aus. Es musste kein anderer für seine Ansprüche den Kopf hinhalten. Der Stärkere gewann. Ich weiß nicht ob da die Liebe schon eine Chance hatte. Vereinzelt vielleicht, doch im Großen und Ganzen arrangierte man sich. Aus Gründen wie Sicherheit, Wohlstand und um des Friedens willen.

Durch politische Hochzeiten wurden Länder auf diplomatische Weise verbandelt. Arm waren in dem Fall nur die Eheleute, denn die mussten es miteinander aushalten. Offiziell – inoffiziell gab es andere Lösungen.

Im Verlauf der Jahrhunderte wurden die Menschen immer mehr und somit auch die Streitigkeiten. Mord und Totschlag war an der Tagesordnung. Es gab keinen der diesem Gemetzel Einhalt gebot. Es gab keine Vorschriften, keine Gesetze und keine Richter.

☹ Darf ich dich kurz unterbrechen. Was sind Gesetze und was ist ein Richter?

☐ Oh, Erde entschuldige. Ich vergaß, du kennst das alles nicht, du bist ja ganz alleine. An dieser Stelle kann ich dir Neid nochmals erklären. Ich beneide dich einerseits, dass du keine Kriege ausfechten musst, andererseits tust du mir leid weil du alleine bist. Alleinsein empfinden wir Menschen nicht als schön.

Zurück zu deiner Frage.

Nun ja – Gesetze sind Verhaltensregeln (so eine Art Bedienungsanleitung) an denen der Mensch sich orientieren kann. Ein Richter ist ein Streitschlichter zwischen zwei Menschen unterschiedlicher Ansichten.

Beispiel:

Du, die Erde, möchtest saubere Luft. Ich, Lydia rauche eine Packung Zigaretten am Tag. Du musst fürchterlich husten. Mir ist das egal.

Die Arbeit des Richters ist nun eine für beide Parteien akzeptable Lösung zu finden. Dazu brauchst du aber vorher noch einen Anwalt. Vorausgesetzt du kannst dir einen leisten. Wenn ja, bist du schon besser dran. Noch besser ist wenn du eine Rechtsschutzversicherung hast, denn die übernimmt dann die Kosten für diesen Rechtsstreit. Wenn nötig bis zum obersten Gerichtshof. Der Anwalt vertritt also, mittels deinem Geld, deine Rechte. Hast du verstanden was ich meine?

☹ Puh, für den Richter echt schwierig.

☐ Ja, du sagst es. Und dieser Berufsstand hat heute echt viel zu tun. Denn trauriger weise ist der

Mensch im Laufe der Zeit immer streitsüchtiger und Besitzergreifender geworden.

Und dann war einer so klug und nahm ihnen die Entscheidungen ab indem er ihnen sagte was sie zu tun und zu lassen hatten. Das war der Ursprung der Hirarchien. Könige und Kaiser wurden geboren und regierten von nun an ihre Untertanen (Volk). Gesetze wurden gemacht und niedergeschrieben. Kluge Leute (ich betone klug) wurden beauftragt diese unter Anweisung des jeweiligen Herrschers zu kontrollieren und bei Verstoß Strafen zu verhängen.

Schlimme Strafen wurden erfunden. Grausamkeit entstand. Was tun mit den Übeltätern.

Irgendeiner rief: Einsperren – dann können sie nichts mehr anstellen. Und so baute man Gefängnisse. Da kam dann die dunkle Seite des Menschen zum Vorschein. Der Sadismus bekam seinen Platz. Menschen wurden in Verliesen gefoltert und unter schlimmsten Umständen ihrer Freiheit beraubt. Die Vollstrecker mussten auch kein schlechtes Gewissen haben, denn sie hatten das geschriebene Gesetz auf ihrer Seite. Viele Verurteilte waren unschuldig. Doch selbst wenn jemand gegen die Gesetze verstoßen hat, hat er das Recht auf eine gerechte und menschenwürdige Bestrafung.

Niemand ist mehr wert als der andere. Wir sind vor Gott und den Menschen alle gleich.

☹ Lydia, ich glaube ich habe für heute genug gehört. Ich werde mich jetzt umdrehen und die Nacht hereinbrechen lassen. Schlaf gut – bis morgen.

☐ Das ist eine gute Idee. Gute Nacht Erde.

☹ Lydia, raus aus den Federn. Es ist schon 9.30 Uhr. Du verschläfst noch den ganzen Tag.

☐ Uaah…….Gähn, aber hallo du bist gut. Ich bin ein Mensch und brauche den Schlaf. Diese Notwendigkeit kennst du auch nicht. Wir Menschen erholen uns im Schlaf von den Mühen des Alltags. Wir regenerieren den Körper damit und schöpfen neue Kraft daraus. Lass mich erst was frühstücken und dann geht es weiter.

☹ OK ich warte (gelangweilt). Ich habe ja alle Zeit der Welt.

☐ Liebe Erde, das war jetzt ein tolles Frühstück. Frische Brötchen, würzigen Käse und gute Butter und der Kaffee einfach herrlich.

Ich frage mich gerade was wir tun wenn wir das alles nicht mehr haben. Ich kann und will mir das gar nicht vorstellen. Aber der Mensch geht davon aus, dass es da ist. Es ist Selbstverständlichkeit. Und gerade das ist es eben nicht. Wir müssen uns wieder bewusst machen, dass es das alles nur gibt wenn wir mit unserer Natur achtsamer umgehen.

Unsere Kinder sind meine Hoffnung. Doch dazu ist es notwendig sie dahingehend anzuleiten und es ihnen vorzuleben. Ich wünsche mir dass es in der Schule ab sofort ein Unterrichtsfach Umweltschutz gibt und nicht nur theoretisch sondern auch praktisch. Kräuterkunde und gesunde Ernährung und dazugehörig natürlich mehr

Bewegung. Mehr Stunden für Turnen und Sport und Freiluft-Unterricht.

Wenn ich die Kids in meiner Schule frage was sie sich für die Zukunft wünschen dann höre ich: einen liebevollen Partner, Kinder, guter Job, Urlaub, Technik aller Art, Freiheit, Spaß.

Ich übersetze in die Ist-Zustand: Die jungen Eltern sind selber noch Kinder. Jobs gibt es so gut wie keine, kein Geld, kein Urlaub, Handy´s und Computer sind die Gesprächspartner, unsere Freiheit gerät immer mehr ins Wanken und Spaß ist rar gesät. Wenn Koma-Saufen zum Spaß zählt dann haben sie viel Spaß.

Keiner wünscht sich eine saubere Umwelt. Doch das eine schließt das andere aus. Sag mir Erde, wie viele Katastrophen braucht der Mensch um wieder zur Besinnung zu kommen.

☹ Diese Frage kann ich dir leider nicht beantworten. Ich weiß nur, dass ich mich wehren muss.

☐ Alle streben nach Macht und Geld. Das kann man nicht essen und auch nicht trinken. Stattdessen könnte man es dazu verwenden dich und damit die Menschen gesund am Leben zu erhalten. Sollten doch Leute die die Intelligenz und Talente besitzen die dazu nötigen Verfahren entwickeln und Maschinen bauen. Sie dürfen auch daran verdienen. Doch nicht auf Kosten der Mehrheit, denn diese Mehrheit garantiert ihnen ihr Einkommen. Ich denke da an einen vernünftigen und angemessenen Prozentsatz zum Wohle aller Beteiligten. Sie bekommen sogar noch Anerkennung, Lob, Wertschätzung und Sicherheit. Sie bräuchten keine Leibwächter und Rechtsanwälte.

Alle Märchen beginnen mit: Es war einmal……… Ich weiß natürlich, dass es so einfach gestrickt nicht machbar ist. Ich höre schon wieder meinen Mann sagen: Du bist so naiv, das kannst du den Kindern erzählen. Er hat dabei den Nagel auf den Kopf getroffen. Ich will es ja auch den Kindern erzählen, denn es geht um ihre Zukunft. Es wird auch keine leichte Aufgabe sein sondern viel Arbeit, Ausdauer und den Mut zur Veränderung.

☹ Wenn ich euch Katastrophen schicke, dann siehe da, gibt es eine Welle der Hilfsbereitschaft. Wieso funktioniert das nicht auch ohne Sturm und Hagel?

☐ Weil der Mensch die Eigenschaft besitzt alles als selbstverständlich anzusehen. Warum fangen sie erst zu beten an wenn sie bereits krank sind? Beten zu Gott oder egal wie wir ihn nennen. Ohne das Machtinstrument Kirche. Er hat nicht die Strafe erfunden. Er schuf uns als Sünder um aus unseren Fehlern zu lernen. Er ist derjenige der uns bedingungslos verzeiht.

Viele fragen sich warum dieser Gott so viele schlimme Dinge zulässt. Ich denke dass er uns auf die „Reise Mensch" schickt und lässt uns dabei unseren freien Willen. Nicht er schaut zu wenn all die schlimmen Dinge passieren sondern wir selber. Er ist kein Herrscher, kein Konzern und kein Lobbyist. Er will auch nichts an uns verdienen.

☹ Ich kenne ihn auch nicht Euren Gott. Ich jedenfalls drehe mich jeden Tag und lasse alle Teile meiner Oberfläche von Licht, Schatten und den Strahlen der Sonne profitieren, sodass eure

Nahrungsmittel gut gedeihen. Ich gebe euch alles was ich zu geben vermag. Es macht mich traurig und wütend wie ihr es mir dankt. Nein, falsch ausgedrückt, danken müsst ihr mir nicht. Ich verlange nur dass ihr mir nicht schadet.

☐ Ja, ich verstehe dich voll und ganz. Ich an deiner Stelle hätte schon alle abgeschüttelt. Ich versichere dir jedoch dass ich und viele andere auch dir für deine Geduld sehr dankbar sind.

Ich kann dir nicht versprechen, dass es besser wird aber ich tue alles was in meiner Macht steht um meine Mitmenschen aufzurütteln. Aus diesem Grunde schreibe ich dieses Buch. Es ist ja durch den Fortschritt und der

Globalisierung heute leichter an alle Menschen Botschaften zu versenden. Das Internet hat auch viele gute Seiten.

Meine Vorstellung von Nächstenliebe schaut so aus:

Jetzt nicht von der näheren Umgebung gesprochen denn da ist es ein Leichtes zu helfen.

Ein Beispiel:

Jeder Mensch hat angeblich einen Zwilling. Ich würde wollen, dass es ihm oder ihr so gut geht wie mir. Wenn jetzt dieser Zwilling in Afrika, Äthiopien oder sonst wo geboren wurde und er nicht die gleichen Lebensbedingungen vorfindet, würde ich alles daran setzen um das zu ändern.

Geben wir ihnen Hilfe zur Selbsthilfe. Keinen aufgezwungenen, abhängig machenden Standard. All dies wäre für uns kein Problem. Wir dürfen keine Ausreden mehr akzeptieren.

Es läge in unserer Macht. Ich frage mich warum wir es nicht tun. Wir beruhigen unser Gewissen mit Alibi-Spenden. Wir leben in der Fülle, schmeißen Überflüssiges fort und werden zu allem Übel auch noch immer dicker und unzufriedener.

Ich sah vor kurzem im Fernsehen einen Beitrag über Bolivien wo eine Mutter von drei Kindern eine traurige (zur Schande aller Menschen wahre) Geschichte erzählte. Sie vertröstete ihre hungrigen Kinder damit, dass sie schmutziges Wasser erhitzte, Steine hineinlegte und ihre Kinder bat noch ein bisschen Geduld zu haben bis die Suppe fertig sei. Sie schliefen in der Zwischenzeit zur Erholung der Mutter erschöpft und hungrig ein.

Unsere, andere Seite von dir:

Unsere Kinder meckern wenn kein frisches Gebäck, Nutella, Eier, Saft, Wurst und Käse auf den Tisch kommt. Sie beißen es an und lassen dann die Hälfte liegen. Das wird dann fortgeworfen.

Es tut mir in der Seele weh!

In der Berichterstattung (Zeit im Bild, Nachrichten usw. wie sie alle heißen, sehen wir die schlimmen

Szenen wie es in der restlichen Welt zugeht. Wir nehmen es zwar wahr, aber es berührt uns nicht mehr. Wir gehen gleich wieder zur Tagesordnung über.

Wieder ein kleines Beispiel:

Wir sehen einen Beitrag über Kriegstätigkeit, Vergewaltigung, Folter….

Zwei Sekunden später die Sprecherin:

Und nun zum Wetter. Morgen verbreitet Sonne, am Abend ist mit Gewittern zu rechnen. Das war es für heute. Die nächsten Nachrichten um 10 Uhr. Einen schönen Tag noch. Und schon ist die Welt wieder in Ordnung.

Nehmen wir als Beispiel die Reichen und Schönen her. Viele davon kamen aus der Gosse und wissen was es heißt ums Überleben zu kämpfen. Wenn man das Glück hat aus dieser Not herauszukommen, sei es durch Zufälle, Ehrgeiz und Ausdauer, dann darf man trotzdem nicht vergessen, dass viele nicht diese Chancen bekommen. Dankbarkeit und Demut und der Wille zur Nächstenliebe wären angebracht.

Stattdessen denken sie nur an sich und prahlen mit ihrem Besitz.

☹ Ich habe mich an euch Menschen schon gewöhnt. Ich gönne euch auch alles was euer Herz begehrt. Doch weil ihr immer mehr wollt schert euch mein

Befinden nicht. Ihr nehmt euch alles ohne Rücksicht auf Verluste meinerseits und darum muss ich jetzt um mein gesundes Wohlergehen kämpfen. Ihr wehrt euch auch wenn euch jemand schaden will.

☐ Ja und das ist auch dein gutes Recht. Ich bin ja so froh, dass du nicht menschlich denkst und handelst.

Du würdest uns den Krieg erklären. Im Grunde genommen hast du das Monopol auf unser Lebenselixier „Wasser". Stell dir vor, dein Wasser wird uns jetzt auch schon in Rechnung gestellt. Nicht von dir. Du hättest das Recht dazu. Nein von den eigenen Artgenossen. Wenn wir im

Gasthaus Leitungswasser trinken möchten müssen wir dafür bezahlen.

☺ Ich schenke es euch und darum wäre es die Pflicht eines jeden Einzelnen es zu achten und zu ehren.

☐ Stattdessen verschwenden und verschmutzen wir es und die Müllberge werden immer höher.

☹ Ja, ich weiß, sie vergraben ihn in meiner kostbaren, reinen Erde.

☐ Es tut mir leid. Aber das ist die Vogel Strauß Methode. Aus den Augen aus dem Sinn. Jeder bekommt täglich eine Flut von Prospekten, Zeitungen, Werbeplakaten. Die meisten schauen sich diese aus Zeitnot oder Desinteresse gar nicht an, ärgern sich darüber und müssen sie dann auch noch zum Papier-Container tragen.

Nahezu jede Firma lockt die Käufer mit Sonderangeboten, Ausverkauf „Sale", -30 % - 50 % - 70 %, wieso eigentlich nicht -100 %. Ist doch alles schon so unglaubwürdig. Wenn der Handel an den -70 % auch noch verdient warum nicht gleich zu einem vernünftigen Preis verkaufen.

Diese Angebote sind das Paradies für Schnäppchenjäger. Die kaufen nicht weil sie es brauchen, sondern weil es so günstig ist. Hast du mich? Wir hinterfragen zu wenig und akzeptieren zu viel.

Zum Nachdenken ein Werbeslogan: Wie sage ich es meinem Liebsten am besten dass ich ihn liebe. Mit einem Parfum von …………. natürlich. So einfach werden wir manipuliert. Es wäre zu banal es nur zu sagen. Man braucht dazu unbedingt ein Geschenk. Alle möglichen Anlässe werden dafür genutzt um die Produkte an den Mann oder die Frau zu bringen.

Die Mengen die wir produzieren kann keiner mehr kaufen geschweige gebrauchen. Wir haben alles im Überfluss und wollen trotzdem nicht teilen.

Wir häufen Besitztümer an für die wir eigentlich gar keinen Platz mehr haben. Hauptsache wir haben sie. Wo soll das alles noch hinführen. Was will der Mensch noch alles besitzen.

Es fängt nach meinen Beobachtungen bei den Großeltern an. Die hatten sehr wenig oder nichts. Dann geht's weiter auf der Leiter. Sie schufteten um ihren Kindern diese Not zu ersparen. Sie wollten dass es ihren Kindern (also meine Generation um die 50) besser geht. Das war auch die Antriebsfeder für uns. Unseren Kindern soll es natürlich noch besser gehen. Das Ergebnis kann man sich ausmalen.

Von den Großeltern werden die Enkel verwöhnt und die Eltern verwöhnen sie auch. Wenn die

Enkel dann das Glück haben zwei Omas und Opas zu haben strömen die Geschenke im Überfluss. In diesem Karussell kennen nur die Großeltern den Unterschied zwischen „Nichts haben" und „Viel haben". Wir kennen es vom Hörensagen und unsere Kinder kennen es gar nicht.

Sie wären dumm nicht zu nehmen was sie kriegen und sie sind nicht schuld dass das so ist. Ich finde es wäre an der Zeit unsere Kinder in dieser Richtung zu korrigieren.

Die Kinder der Jetztzeit tun mir direkt schon leid, dass sie in so einem Überfluss aufwachsen müssen. Sie kennen so vieles nicht was wir kannten und was so viel Spaß machte.

z.B. zu Fuß zur Schule zu gehen und auf dem Schulweg mit den Mitschülern herumzutollen und zu albern. Beim Nachhause gehen zu trödeln und allerlei zu entdecken. Wir durften uns schmutzig machen und viel Zeit in der Natur verbringen. Wir hatten Alltags- und Sonntagskleider. Wir mussten auch nicht jeden Tag duschen oder baden. Dafür hatten wir keine oder nicht so viele Allergien und Ausschläge. Der Mensch braucht laut Statistik angeblich ca. 7 kg Dreck im Jahr. Das brachten wir locker zusammen.

Die viele Zeit in der Natur stärkte unser Immunsystem und sorgte für viel Bewegung und Spaß in der frischen Luft. Ich muss heute noch lachen wenn ich daran denke was wir so alles ausgeheckt haben. Auch aßen wir weniger und wenn dann viel Obst. (Auch gerne aus Nachbars Garten)

Und was für uns Kinder damals selbstverständlich war ist heute Seltenheit – nämlich, dass man von der Mutter mit einem selbstgemachten Essen erwartet wurde. Als Familie gab es am Sonntag Spaziergänge. Wir tobten in der Wiese herum, aßen Kräuter die uns unser Vater erklärte, lernten wie man einen Fisch fängt und ausnimmt, wir kletterten auf Bäume, gingen Kegeln, Eis laufen, lernten Tanzen und vieles mehr. Aber größten Teil waren wir Kinder einfach nur Kinder.

Heutzutage ist der Tag mit Aktivitäten verplant die die Eltern als Kind selber gerne gemacht hätten und das in einem Höllentempo von A nach B mit dem Auto. Wo ist nur unser Wollen geblieben, dass es unseren Kindern einmal besser gehen soll.

Päuschen gefällig ?

☹ Ja, unbedingt. Es ist schon schlimm genug was ihr mir antut aber was ihr euch selber antut ist noch schlimmer. Ihr geht in eine ganz falsche Richtung.

☐ Ich weiß, doch bitte ich dich uns noch ein wenig Zeit zu geben. Wir haben viele Fehler. Wir sind ständig am Lernen. Es wird noch dauern.

Wichtig ist, daß wir die Jahrgänge die jetzt unsere Kinder erziehen andere Verhaltensmuster lehren. Teilweise unterschätzen wir unsere Jugend maßlos. Sie sind die Zukunft. Doch die Gegenwart formt die Zukunft. Versuchen wir Erwachsene uns von den Kindern mehr abzuschauen.

Wenn wir uns die Zeit nehmen würden und unseren Kindern beim Spielen zuschauen oder noch besser mit ihnen spielen würden, könnten wir wieder viel Spaß haben.

Genießen, Spielen Lachen, viel Bewegung, Neugier, viel Schlaf, konsequentes Einfordern von Liebe…….

Meine wichtigste Frage aller Fragen ist: „Warum brauchen wir immer eine Frontfigur die uns sagt was wir zu tun oder zu lassen haben ". Warum übergeben wir diesen Personen solche Macht über uns.

Ich könnte es vielleicht noch akzeptieren wenn Dieser oder Diese im Sinne seiner Schäfchen handeln würde. Z.B. Güte, Weitblick, friedvolles Handeln, das Wohlergehen aller als Ziel und Gleichberechtigung in allen Belangen.

Ich weiß, das sind fromme Wünsche doch ich gebe nicht auf. Meine Freunde sagen immer dass ich ein ewiger Weltverbesserer sei. Sie sagen es kann nicht immer

Frieden geben. Der Gegenpol ist Streit (Krieg) und der muss auch sein.

Das will und kann ich so nicht annehmen. Ich hätte auch eine Lösung parat. Ein fairer Kampf zwischen den Uneinigen wo es einen Sieger und einen Verlierer gibt und nicht dass Millionen von Müttern und Vätern ihre Söhne und Töchter verlieren.

Denn meistens brachten die die diesen Krieg verursachten in der Zwischenzeit ihre Schäfchen ins Trockene und harrten der Dinge die kamen.

Früher gab es mutige Edelmänner die im Zweikampf für die Rechte ihres Volkes kämpften und siegten oder starben. Jo so woans de oidn Rittersleit. Mit edlen und ehrbaren Absichten.

Keine Schieberei und keine Korruption. Ich muss jetzt wieder ernst werden denn mein Mann verdreht schon die Augen.

OK – ich gebe zu, das klingt wie ein Märchen. Jetzt werden sich vielleicht einige Fragen „wo lebt denn die" auf dem Mond?

Nein der ist noch Menschenfrei – sonst wäre der auch in Gefahr.

Liebe Erde, mein Ärger verursacht keine Katastrophen, doch deiner schon. Wenn du vor Wut bebst fallen Häuser zusammen und begraben Menschen darunter.

Du erreichst damit nur, dass diejenigen die nichts mehr zu verlieren haben auch noch ihr Leben lassen müssen. Worin liegt da der Sinn. Das soll aber jetzt auf keinen Fall heißen, dass du es in reicheren Gegenden beben lassen sollst.

Es muss doch eine andere Lösung geben diejenigen die viel haben aufzurütteln und Sie zum Teilen zu bewegen.

☹ Liebe Lydia – wenn du ein Hund wärst und Flöhe würden dich plagen. Was würdest du tun? Ich glaube du würdest dich schnellstmöglich von den Plagegeistern befreien. Keine Sorge, ich mache das nicht. Ich gebe euch noch viele Chancen, doch unbegrenzt ist meine Geduld nicht.

☐ Da bin ich aber jetzt sehr beruhigt. Ich grüble und grüble und spiele dies und jenes gedanklich durch und letztendlich wurde mir klar dass wir eine Vielzahl an Gleichgesinnten brauchen um vorwärts marschieren zu können.

☹ Ich weiß mittlerweile, dass es von euch viele verschiedene Rassen gibt und ich bin bereit jedem Einzelnen das zu geben was ich zu geben habe.

Ich habe viele Klimazonen, Gegenden mit weniger Wasser, große Hitze, Paradiese mit üppiger Vegetation, Länder mit vielen

Bodenschätzen die ihr euch zum Nutzen und zur Freude aus meiner Erde holt.

Emotional betrachtet könnte ich jetzt sagen: Ab sofort ist alles gestrichen. Ich werde mich drehen und den armen Ländern die Sonnenseite geben. Es gibt bei euch einen Spruch der lautet: Wer nicht hören will muss fühlen. Nur was man selbst erlebt hat kann man verstehen. Eure Aufgabe hier besteht darin zu lernen.

Ich kann es nicht verstehen wie ihr euch an Gold und Edelsteinen erfreuen könnt obwohl ihr wisst dass alle paar Sekunden ein menschliches Wesen (Bruder und Schwester) an Hunger und Krankheit stirbt.

☐ Ich gebe dir vollkommen recht. Mein Ärger geht auch in diese Richtung. Ich nenne nur Ebola. Solange diese schreckliche Krankheit nur in bestimmten Ländern vorkam gab es dafür keine Medizin geschweige Heilung. Jetzt wo es Europäer getroffen hat gibt es zufälliger weise gerade in diesem Moment eine passende Medizin. Es sind schon so viele an Ebola und Aids gestorben. Sind sie weniger wert als wir?

☐ Das ist doch alles so weit weg. Wir hören ihr Weinen und Klagen nicht und aus bewaffneten Konflikten entsteht immer größte Not. Da werden aus Unschuldigen Krüppeln und aus Kindern Waisen.

☹ Es wäre an der Zeit aus euren Fehlern der Vergangenheit zu lernen.

☐ Ich frage mich warum um Himmelswillen wir es nicht tun. In der Jetzt-Zeit ist es schon wieder zu spät. Die Generationen haben die alten Muster schon eingebrannt. Ich zähle auf unsere Enkel und Urenkel und auch nur dann wenn sie alles richtig machen.

Eigentlich müssten sie auf uns böse sein weil wir ihnen eine schreckliche Gegenwart und eine unsichere Zukunft bescheren.

Die gefragtesten Berufsgruppen sind zur Zeit Anwälte, Richter, Gefängniswärter, Ärzte und

Psychologen. In den restlichen Berufen sind viele arbeitslos oder so überfordert, dass sie schon wieder Anwärter für die gefragtesten Berufsgruppen sind.

War das jetzt verwirrend oder kannst du mir folgen?

☹ Also – Fazit – Für mich hört sich das so an: Im Grunde genommen glaubt ihr alles im Sinne eurer Kinder zu machen. Ich an eurer Stelle würde mal die Kinder fragen wie sie sich ihr Leben auf mir vorstellen.

Euer Raubbau muss ein Ende haben. Ich möchte mit euch im Einklang sein. Leben und leben lassen. Doch wenn ihr so weitermacht sehe ich für euch schwarz. Genaugenommen beraubt ihr euch auch selber.

☐ Das kann ich alles zu 100 % unterschreiben. Was mich so ärgert ist die Arroganz mit der wir andere Menschen katalogisieren, beurteilen und verurteilen. Wir haben das Wort „Normal" erfunden. Und jeder der in diese Schachtel nicht hineinpasst ist mit Vorsicht zu genießen. Wir sind noch nicht einmal so weit schwarz, weiß und gelb bei den verschiedenen Rassen oder andere Sitten und Gepflogenheiten in Zeiten der Globalisierung (Frauen mit Kopftüchern) zu akzeptieren.

Feigheit, Intoleranz und Hochmut hindern uns daran Anderssein in

Betracht zu ziehen. Wir nehmen uns sogar das Recht heraus über sie zu richten. Da lobe ich mir die heutige Jugend. Sie protestieren, mit allen ihnen zur Verfügung stehenden Mitteln, für kreative, lebensbejahende Möglichkeiten eines schönen Lebens ohne Druck und Ängste. Um nur ein paar Ausdrucksweisen zu nennen: Piercings, Tatoos, bunte Haare, schrille Nägel, provokante Kleidung, Ablehnung fleischlicher Nahrung uvm.

Ich habe dieser Tage mit meiner Tochter darüber diskutiert, dass es für ein Kind wichtig ist in welchem Umfeld und zu welchen Rahmenbedingungen es heranwächst. Nicht die Gene und nicht der Charakter haben den Löwenanteil. Doch selbst wenn sie die Kindheit und die pubertäre Zeitspanne heil überstanden haben folgt die Phase der Orientierung. Beruf, Lehre, Studium….

Doch was tun wenn kein passender Arbeits- od. Lehrplatz vorhanden ist? Die Jugendarbeitslosigkeit ist enorm hoch. Die Politik sieht keinen Handlungsbedarf. Alle Eltern die einen arbeitslosen Jugendlichen zu Hause haben wissen was dies zur Folge hat.

Kein Einkommen, keine Rentenzeiten, kein Sozialleben (Freizeit), keine Genussmittel wie Nikotin, kein eigenes

Fortbewegungsmittel, keine coolen Klamotten, keine Autonomie.

Dann kommt erschwerend noch dazu, dass ihnen glatt vorgeworfen wird nicht arbeiten zu wollen nur weil sie nicht sofort jeden extrem unterbezahlten Scheiß-Job annehmen den ihnen das AMS anbietet. Dann taucht unweigerlich die Frage auf – wie komme ich zu all den Annehmlichkeiten die das pralle Leben so bietet.

Überfälle, Diebstähle, Kriminalität, Alkohol und Drogen sind die Folge. Es gibt kaum noch einen Tag wo nicht eine Bank oder Tankstelle überfallen wird. Die Einbrüche in die Privathäuser und Auto- und

Fahrraddiebstähle sind an der Tagesordnung.

Von der Dunkelziffer der Selbstmordrate verzweifelter Betroffener ganz zu schweigen.

☹ STOP – Ich brauche eine Pause

☐ OK ich verstehe. Inzwischen überlege ich mir ob mir nicht auch was Positives einfällt.

Nach ein paar Tagen und Nächten – Hallo Erde! Können wir weitermachen?

☹ Von mir aus, aber Schonkost mein Innerstes brodelt schon.

☐ Bitte, bitte keinen Vulkanausbruch. Auch Positives kann ich berichten. Es gibt verschiedene Vereinigungen zum Schutz der Umwelt, der Tiere und der Menschenrechte, ärztliche Versorgung in Krisen- und Kriegsgebieten. Z.B. Greenpeace, WWF, Unicef, Caritas, Licht für die Welt, Ärzte ohne Grenzen, Rotes Kreuz, Amnesty International und noch einige andere.

Diese Hilfsorganisationen machen mir Mut und zeigen von unserem Wollen, dass es unseren Kindern besser gehen soll. Diese Menschen haben eine Menge Zivilcourage denn oft setzen sie im Einsatz für eben diese Rechte ihr eigenes Leben aufs Spiel. Doch auch bei ihren Einsätzen ist leider Geld von Nöten. Sie sind zu einem großen Teil von Spenden abhängig. Traurig aber wahr.

Oh- ich vergaß, nur Positives. Streich den letzten Satz.

Was für mich persönlich das Beste an den letzten Jahren war ist dass Amerika, Barack Obama zu ihrem ersten farbigen Präsidenten gewählt hat. Es gab mir Hoffnung, dass die Menschheit doch dazulernt. Er hat viele gute Ziele vor Augen. Z.B. Krankenversicherung für Alle. Kann sich einer von uns überhaupt vorstellen nicht zum Arzt gehen zu können weil er es sich nicht leisten kann? Warum wird so viel Geld in 1.Rüstung und Kriegsmaschinerie gesteckt anstatt in 2. Friedens-Sicherung. Ist erstens wichtig für zweitens? Wenn ja, dann soll es so sein, doch der Frieden soll stets unser Ziel mit oberster Priorität sein.

Es ist die Bürokratie die uns daran hindert menschlich und rasch handeln zu können. Die gute, alte Handschlagqualität gibt es nicht mehr. Doch selbst wenn du etwas schriftlich hast heißt das noch lange nicht, dass das gilt. Es gibt viele Klauseln die man drehen und wenden kann, so wie man es gerade braucht. Und in diesem Paragraphendschungel kennen sich oft die gescheitesten Anwälte nicht mehr aus.

Die Politik geht an ihren Aufgaben, mit großen unnötigen Umwegen, auch um Zeit zu gewinnen, vorbei.

Wir sind der Versprechungen vor den Wahlen müde geworden. Viele gehen gar nicht mehr wählen oder wählen ungültig. Das müsste den Politikern doch zu denken geben oder ist es ihnen egal? Warum reagieren sie nicht. Ich finde es tragisch wenn die Jugendlichen den Namen und die Funktionen ihrer Regierenden nicht wissen weil es sie schlichtweg nicht mehr interessiert. Sie sind sauer und das mit Recht. Mir scheint fast so als wäre dies alles gewollt. Ich finde keine andere Erklärung dafür. Aber kommen wir zurück zu dir lieber Heimatplanet.

☹ Na Gott sei Dank. Kann mit den Erzählungen bezüglich Politik nicht viel anfangen. Ich wäre fast eingeschlafen.

Ich bitte euch kümmert euch besser um das Wohlergehen eurer Meere. Ich höre immer mehr Klagen über zu viel Fischfang, Verschmutzung und noch schlimmer die Verwendung als Sondermülldeponien. Ihr wisst schon, dass „aus den Augen aus dem Sinn", keine gute Lösung ist. Klar ihr sitzt nicht mehr lange auf diesen Zeitbomben aber eure Kinder und Enkel und Urenkel. Wollt ihr ihnen das wirklich antun? Ich würde mich schämen und schleunigst darangehen umweltfreundlichere Methoden der Entsorgung von Giftmüll zu entwickeln. Noch besser wäre es gleich gar keinen zu produzieren.

☐ Ja, verzeih, natürlich sind das Themen die für dich oberste Priorität haben. Doch entschuldige wenn ich das jetzt so sage. Auch wenn du das nicht verstehst, sind da die Entscheidungen der Regierenden ganz, ganz wichtig.

Was die Überfischung betrifft habe ich mir schon viele Gedanken darüber gemacht, denn ich esse für mein Leben gerne Fisch. Dazu gehören auch Fische aus dem Meer. Da ich leider nicht am Meer lebe bin ich sehr froh, dass der Fisch frei Haus geliefert wird. Ich will aber nicht daran schuld sein, dass viele Arten vom Aussterben bedroht sind. Ich könnte mich darauf beschränken 1-2mal im Monat einen Fisch zu essen und die übrige Zeit regionale und saisonale Produkte zu essen, denn meines Wissens bestimmt die Nachfrage das Angebot. Also reden wir uns nicht immer raus indem wir sagen: Wir können nichts verändern. Wir können sehr wohl. Doch nur gemeinsam sind wir stark. Wir, das Volk!

Und wenn die Konzerne noch so stark sind. Wenn sie auf ihren Fischen sitzenbleiben werden sie weniger fangen. So einfach ist das. Dieses Prinzip gilt nicht nur für Fische.

☹ Das ist die Lösung. Bitte sofort umsetzen.

☐   Ja gerne. Lieber heute als morgen. Doch so rasch geht das nicht. Es muss sich erst herumsprechen. Die Möglichkeit eines Rundmails ist durch die weltweite Vernetzung gegeben. Doch noch nicht alle besitzen einen Computer, geschweige Internet. Darum müssen wir auch die Mundpropaganda in Betracht ziehen. Ich würde bei den Kindern beginnen und dazu gibt es Einrichtungen wie z.B.

Elternhaus, Kindergarten und Horte, Schule, Lehrherren, Universitäten …….

Wo wären wir wenn es nicht immer mutige und engagierte Leute gegeben hätte die etwas riskiert und damit auch etwas bewegt haben. Wir suchen immer nach dem Sinn des Lebens. Ich glaube meine Antwort darauf gefunden zu haben. Ich bin hier um Spaß zu haben. Du liebe Erde bist eine große Spielwiese. Spaß bedeutet für mich etwas gerne und aus Neugierde zu machen und das hat zur Folge, dass ich dabei angstfrei Entdeckungen mache. Unsere Denkmaschine (Gehirn) lässt den Gefühlen keinen Raum und wer keine Gefühle hat oder sie nicht zeigen kann, hat ein Problem mit dem Herzen. Wer kein Herz hat lässt zu, dass es seinen Mitmenschen und anderen Lebewesen schlecht geht. Kannst du mir folgen?

☹ Ja soweit, so gut. Bin ich dann auch ein Lebewesen? Ich habe demnach auch Gefühle. Ich bin eine lebende Krabbeldecke – Hurra!

☐ Das ist ein schöner Gedanke wo aber von Anbeginn unserer Zeit nur wir etwas davon hatten. Du hast dich über unser Verhalten geärgert und darum auch deine Ausbrüche und die Bewegungen (Erdbeben) auf deiner Haut, deine Tränen (Überschwemmungen).

☹ Das macht mich traurig, denn ich will euch nicht schaden. Ich will euch nicht beleidigen aber ihr seid einfach noch so fehlerhaft. Bei einer Endprodukt-Kontrolle würdet ihr glatt durchfallen.

Aber kommen wir noch einmal zu den Gefühlen. Ich will mal kurz überlegen welcher Gefühle ich mir jetzt bewusst bin. Hmm….. Schmerz, Ärger, Traurigkeit, manchmal auch Wut und Verzweiflung und trotz alledem die Hoffnung, dass ihr es mit den Jahren bessermachen werdet.

☐ Das ist ganz beachtlich. Jetzt schauen wir einmal welche Gefühle wir extra haben die dich nicht betreffen.

Ehrgeiz, Neid, Habsucht, Gier, Eifersucht, Rachsucht und die Liebe.

Nein – ich korrigiere – das Gefühl Liebe hast du definitiv auch.

☹ Ich kenne das Urvertrauen und das friedvolle Sein. Definiere mir den Begriff Liebe etwas ausführlicher.

☐ Ich habe dir Anfangs erzählt, dass uns der Herrgott die Lust mit auf den Weg gab. Doch die hat nur bedingt mit der Ur-Liebe zu tun. Die Lust hat den Zweck um uns zu vermehren. Schlechte Eigenschaften und Gefühle wie Habsucht und Eifersucht entstanden daraus. Die echte und ehrliche Liebe kennt diese Eigenschaften nicht. Sie ist eben liebevoll, verständnisvoll und offen für alles. Sie verzeiht alles. Viele die wenig Liebe erfahren, versuchen sie sich zu erkaufen.

Das ist vergebene Liebesmüh. Das ist Betrug an sich selbst.

Erde, du bist jetzt Zuhörer. Ich starte jetzt mit meinen Lesern ein Experiment. Jeder macht sich seine eigene Liste. Ich gebe den Inhalt vor:

Liebe von….. erhalten ja/nein oder zu wenig.

Mutter, Vater, Geschwister, Verwandte, Kindergärtnerinnen, Hortnerinnen, Lehrer und Lehrerinnen, Lehrherren/innen, Professoren/innen, Freunden, Arbeitskollegen, Nachbarn, vom Partner und von sich selbst. Ihr könnt auch antworten mit: zu wenig, nichtausreichend, zu viel, zu erdrückend, zu einengend usf.

Ich hoffe ihr erkennt den Sinn dieser Aufgabe.

Das Mengenverhältnis zwischen Sex und Liebe ist enorm. Die Essenz Liebe ist unsere Grundlage. Darum brauchen wir sie ein Leben lang. Sex ist eine wichtige und lustvolle Nebensache aber wir könnten ohne ihn leben.

☹ Das würde heißen, dass ihr alle, diese angeführten Personen, meine Familie seid.

☐ Ich gebe noch ein simples aber ach so typisches Beispiel: Ich beschloss vor einiger Zeit mir eine Katze ins Haus zu holen. Ich war so voller Liebe. Ich musste etwas davon abgeben. Ich holte mir aus dem Tierheim ein Jungtier das nach Schätzung ca. 3-4 Monate alt war. Sie war ein Findling deswegen konnte man das Alter nur schätzen. Sie wurde einfach ausgesetzt. Dieses schlimme Schicksal wollten wir ausmerzen. Es gab viel Spiel und Spaß. Da wir aber nicht immer zu Hause sind, beschlossen wir ihr einen Spielkameraden zu besorgen. Gesagt – getan. Wir fuhren wieder ins Tierheim. Wir (mein Mann und Ich). Es war wieder Liebe auf den ersten Blick. Ein getigerter Kater, unten weiß und oben mit Tigermuster, das so aussah als hätte er ein Gilet an. Ihn hatte dasselbe Schicksal ereilt, ausgesetzt und erst geschätzte 9 Wochen alt. Viel zu früh von der Mutter getrennt.

Wir lachten sehr viel mit ihm. Er war trotzdem so ein frecher Draufgänger. Doch dann kam unweigerlich die Eifersucht unserer ersten Katze ins Spiel.

Obwohl wir ihr keinen Grund dafür gaben. Wir verteilten unsere Liebe, Zuneigung, Streicheleinheiten und Spielzeiten gleichmäßig unter ihnen auf.

Doch Elfe (erste Katze) pochte auf ihre Erstrechte und ließ ihn das auch spüren. Das gefiel uns nicht, denn wir wünschten uns dass sie sich akzeptieren und miteinander spielen. Wir bemerkten, dass er sich immer mehr zurückzog. Er wurde ängstlich und spielte nicht mehr. Sein Blick war sooooo…. traurig. Dann bekam er auch noch starken Durchfall und fraß ganz wenig.

Ich spiele jetzt Psychologe. Habe Ahnung. Hatte Burnout. Wir Menschen zeigen dieselben Symbole.

Fassen wir zusammen:

Mutterverlust, gefangen im Käfig (Tierheim), neue Umgebung, Rangordnungen sind einzuhalten und Ängste aller Art entstehen.

Wir lasen Ratgeber und Bücher über Katzenkrankheiten und stießen dabei auf eine Diagnose die wir selber schon vermutet hatten.

Eine Neurose – hieß es – könnte es sein. Da war guter Rat teuer.

Doch die Ursachen waren wie bei den Menschen die gleichen.

Die Therapie: Wir gaben unserer Katze Nr.1 (Elfe) zu verstehen, dass wenn sie nicht bereit ist ihm, Katze Nr.2 (Wolke) Liebe zu geben, auch keine empfangen wird.

Sie ließ sich das durch den Kopf gehen. Ihr werdet euch jetzt denken „die spinnt doch". Eine berechtigte Annahme.

Sie spürte auf jeden Fall, dass etwas nicht stimmte. Die Probleme der Tiere unterscheiden sich nur im Bezug aufs Geld von denen der Menschen. Wenn Elfe Geld gehabt hätte, hätte sie die

Koffer gepackt und wäre ausgezogen.

Was ich damit eigentlich vermitteln will ist, dass es an uns liegt Frieden und Harmonie in den Alltag zu integrieren. Unser Plan, die Katzen zu vereinen, ging auf.

Mich erinnert diese Situation an die Ehe. Dieses Thema wird dich herzlich wenig interessieren, doch für uns Menschen ist diese, meiner Meinung nach längst veraltete Institution, noch immer eine große Herausforderung. Ich erkläre dir kurz die Ehe.

Es lernen sich zwei Menschen lieben und dann heiraten Sie, weil sie sich besitzen wollen. Wenn es geschrieben steht hat man auch das Recht darauf. Doch das endet in vielen Fällen im Chaos. Keiner will dem anderen wehtun und tut es trotzdem. Aus dem ICH wird ein WIR. Man muss Kompromisse schließen. Es gäbe dazu noch viel zu sagen doch dieses Thema betrifft nur uns Menschen und hat mit deinen Nöten nichts zu tun.

Indirekt vielleicht schon, denn wenn die beiden auseinander gehen gibt es meistens KRIEG. Der sogenannte Rosenkrieg und Krieg ist, wie wir beide wissen, nicht gut. Gar nicht gut! Alle Beteiligten leiden. Alle Kriege unserer Zeit hast du ja live miterleben dürfen. Auch du bist dabei schwer verwundet worden. Viele Altlasten (Minen) lauern noch unter der

Erde um den unschuldigen Menschen die Beine zu zerfetzen.

Aber die Dummheit der Menschen ist anscheinend grenzenlos. Wir haben aus alledem nichts gelernt. Noch schlimmer – es gibt Personen die sich den Hitler wieder wünschen. Was macht man mit solchen Hohlköpfen um ihnen die Augen zu öffnen und zu zeigen was sie sich da eigentlich wünschen. Ich habe mir darüber schon viele Gedanken gemacht weil ich es unfassbar finde. Sollte man sie in Züge sperren? Nach Mauthausen oder Auschwitz bringen, sie einsperren und glaubhaft machen, dass sie der Tod durch Vergasen erwartet oder Zwangsarbeit unter den schlimmsten Voraussetzungen oder sie in Zwangsjacken stecken und zu Forschungszwecken vorführen?

Herr, vergib ihnen, denn sie wissen nicht was sie tun. Doch nicht Wissen macht auch schuldig. Der Satz kommt euch bekannt vor?

Wir haben doch bereits genug Öffentlichkeitsarbeit geleistet und in Bildern und Filmen diese dunkle Seite unserer Vergangenheit als Mahnmal festgehalten.

Es kann doch kein vernünftiger Mensch wollen, dass sich das wiederholt.

Liebe Erde, ich erzähle und erzähle und vergesse vor lauter plappern dich auch wieder einmal zu Wort kommen zu lassen.

☹ Ich höre dir gerne zu aber ich würde gerne zu den Problemen der Meeresbewohner zurück kommen. Seit Jahren erfahre ich von den Delphinen, dass sie in Buchten zusammengetrieben, die besten von ihnen aussortiert werden und der Rest nicht wie angenommen wieder freigelassen sondern ganz brutal abgeschlachtet wird. Das Meer dort färbt sich blutrot. Kannst du mir den Sinn dieses Unterfangens erklären?

☐ Ich bin so traurig über diese Tatsache doch muss ich dir sagen, dass dies wieder nur zum Zwecke des Geldverdienens gemacht wird.

Die Bilder und Videos dieses Abschlachtens gehen im Netz über die ganze Welt und es findet sich keiner der dem ein Ende bereitet. Nur weil diese Tiere sehr intelligent und schön sind werden sie gefangen, dressiert und in Shows, wo natürlich Eintritt verlangt wird, präsentiert. Dieses Schicksal erleiden auch andere Arten wie z.B. Vögel, Bären, Schlangen, Pferde und viele mehr. Wenn sie wenigstens artgerecht und liebevoll behandelt würden könnte man das noch halbwegs akzeptieren, doch meistens werden sie unter schlimmen Bedingungen gehalten. Wir Menschen sind diesbezüglich schon so unsensibel geworden.

Wir wissen dies alles und ändern trotzdem nichts.

Es sind nicht nur die großen Dinge, sondern auch die kleinen die für ein schönes Morgen sorgen.

Lassen wir einmal das Geld und das Haben wollen beiseite. Gehen wir gedanklich zum Genießen und zum Erforschen, zum Probieren, zum Experimentieren, zu Spiel und Spaß. Alleine beim Aufzählen geht mir schon das Herz auf. Wäre es nicht erstrebenswert wieder Zeit für die schönen Dinge des Lebens zu haben. Eltern Zeit für ihre Kinder, Kinder Zeit für ihre Eltern und vor allem wieder Zeit für sich Selbst.

Wir streicheln unsere Autos liebevoll und arbeiten hart damit wir Service, neue Reifen, anstehende Reparaturen bezahlen können und immer genügend teuren Sprit im Tank haben.

Unseren Kindern drücken wir Geldscheine in die Hand um unser schlechtes Gewissen zu beruhigen weil wir keine Zeit für sie haben.

☹ Bin ich froh, kein Mensch zu sein. Halleluja wo sind die Valium damit mir das Lachen nicht vergeht.

☐ Kleiner Scherzkeks. Hast dir schon was von mir abgeschaut. Das freut mich. Ich versuche kurz dir den Menschen in seiner Denk-Struktur ein bisschen zu erklären:

Er will alles beherrschen und besitzen, kann nicht alleine sein, ist neugierig. Was er hat ist selbstverständlich und merkt erst dass es nicht selbstverständlich ist wenn er es plötzlich verliert.

☹ Das habe ich verstanden und werde dir jetzt dazu ein paar Fragen stellen.

Zum Punkt - kann nicht alleine sein. Ihr setzt mit eurem zerstörerischen Lebensstil aufs Spiel, dass ihr aussterben werdet weil eure Lebensmittel keinen Wert mehr haben. Sie werden euch krank machen und da wird euch keine Pille retten können. Auch euer Grundelixier das Wasser tretet ihr mit Füßen. Macht euch einmal die Mühe und stellt euch einen Tag ohne Wasser vor. Macht eine Liste eures Tagesablaufes und schreibt auf wann und wofür ihr Wasser braucht. Lydia, du fängst jetzt gleich damit an:

☐ Dann will ich mal.

6.15 h Klospülung, Hände waschen, 6.20 h Zähne putzen, 6.25 h Kaffeemaschine mit Wasser füllen, 6.30 h Katzen mit Wasser versorgen und Fressnapf reinigen, 6.35 h Duschen und Haare waschen, 6.50 h Klospülung und Hände waschen, 12.15 h Nudelwasser aufsetzen, Wasser für Soße, Reinigungswasser für Tisch, Herd und Arbeitsplatte, Geschirrspüler, Wäsche waschen, Boden wischen,

Blumen gießen, Tabletten nehmen, Swimmingpool, Autowäsche.

Mir fällt jetzt auf die Schnelle nichts mehr ein. Da gibt es sicher noch vieles mehr.

☹ Dann machst du dir jetzt Gedanken darüber was davon du weglassen kannst weil du es nicht zum Überleben brauchst.

☐ Ich will mir das nicht vorstellen!

☹ Das müsst ihr aber wenn ihr so weitermacht. Ich will euch damit den Ernst der Lage bewusst machen.

☐ Also die Klospülung war für mich in der Vergangenheit schon sehr wichtig aber das könnte man anders lösen. Zähneputzen ist ein Muss. Ich bin sehr stolz auf meine schönen Zähne. Ich habe sie immer gut gepflegt. Das Rauchen habe ich aufgehört aber den Kaffee brauche ich schon. Dazu fällt mir ein gutes Schnapserl ein. Das ist nicht lebensnotwendig aber ich sehe es als Medizin. Ich könnte es weglassen. Die Betonung liegt auf könnte.

Meine Katzen brauchen auch Wasser. Den Fressnapf kann ich mit Papier oder einem Tuch auswischen. Duschen und Haare waschen ist notwendig sonst können wir uns bald nicht mehr riechen. Das geht nicht ohne Wasser aber weniger oft.

Händewaschen schützt vor Krankheiten, ist nicht lebensnotwendig aber klug um gesund zu bleiben. Kochen geht nur zum Teil ohne Wasser. Für Fleisch brauche ich es nicht doch für die Zutaten sehr wohl (Reis, Nudeln, Kartoffel, Gemüse).

Den Geschirrspüler könnte ich weglassen doch dann muss ich per Hand abwaschen daher keine Wasserersparnis. Eine Möglichkeit gäbe es noch. Das Geschirr nach jedem Essen wegwerfen (verrottendes od. Recycling-Geschirr. Wäsche waschen müsste nicht sein, ich kann auch nackt gehen. Boden wischen ist nicht lebensnotwendig. Blumen würde es keine mehr geben, denn sie sterben ohne Wasser. Es würde auch nichts nützen wenn ich sie ins Freie stelle denn Regen gibt es auch keinen. Der Swimmingpool ist sowieso Luxus Pur. Autowäsche – ein Unding. Wenn eine Tablette bitter ist kann ich sie ohne Wasser nicht schlucken. Am besten ich brauche keine und wenn ja würde ich sie zerstampfen und schnupfen oder Zäpfchen nehmen. Sich darüber Gedanken zu machen finde ich illusorisch denn die Pharma-Industrie tut sich ohne Wasser schwer Tabletten und Medikamente zu produzieren. Die kann sich dann sprichwörtlich „nicht mal brausen gehen"

☹ Wie geht es dir jetzt?

☐ Ich habe Angst vor diesem Szenario.

☹ Das ist aber noch nicht alles. Deine nächste Denkaufgabe ist zu überlegen wie viele Putzmittel, Waschmittel und Chemikalien du bei den Reinigungsarbeiten verwendest.

☐ Da liebe Erde erwischst du mich nicht. Ich verwende fast keine Putzmittel und schon gar keine Scharfen. Ich achte darauf, dass sie die Umwelt so wenig wie möglich belasten (biologisch abbaubar). Ich verwende kein Fensterputzmittel sondern Mikrofasertücher, keine Scheuermittel, keinen Backofen-reiniger, keinen Weichspüler und keine Bleichmittel.

Ich habe Schuhgröße 37 und mein ökologischer Fußabdruck ist sehr klein. Ich gehe viel zu Fuß. Ich könnte mir ein Auto leisten doch um dieses zu erhalten müsste ich mehr arbeiten und das will ich definitiv nicht. Ich gehe lieber zu Fuß und spare mir dadurch auch noch das Fitnessstudio.

☹ Gut, auf das darfst du stolz sein. Dies sollte für jeden Menschen wichtig sein. Ich wünsche mir von euch, dass ihr alles was ihr habt nicht als selbstverständlich anseht und es schätzt und schützt.

☐ Ich kann nur für mich sprechen. Mein Versprechen hast du und darüber hinaus werde ich jeden, und wirklich jeden, damit konfrontieren und aufrütteln. Das ist mein Teil den ich zum Umweltschutz leiste.

Heute bin ich mit dem Auto (das Auto meines Mannes der unbedingt eines braucht weil er 50 km zur Arbeit fahren muss) an einer Plakatwand vorbeigefahren wo darauf ein schöner Spruch stand. Dieser lautete:

„Es gibt nichts Gutes, außer man tut es".

Genau das ist es. Ich diskutiere viel mit Leuten über Umweltbewusstsein und jeder gibt mir recht, dass es so nicht weitergehen kann. Doch jeder zweite Satz lautet: „Wir können nichts dagegen tun" und somit ist die Sache vom Tisch. Sie schimpfen mich manchmal sogar einen unverbesserlichen Optimisten. Ich will aber optimistisch in die Zukunft schauen. Ich glaube an die Wiedergeburt und schon aus diesem Grunde tu ich es auch für mich. Ich will in keine schlechtere Welt inkarnieren. Ich wünsche mir dass du liebe Erde gesund bleibst.

☹ Danke, das freut mich sehr. Macht euch bewusst, dass ich ohne euch weiterexistieren kann, ihr aber ohne mich nicht. Wir leben in keiner Symbiose.

☐ Das ist definitiv so. Das traurige ist – es macht sich keiner Gedanken darüber. Wir brauchen wieder Menschen die sich was trauen und um die Ecke denken. Wir glauben immer nur an das was wir sehen. Vor hundert Jahren konnte sich noch keiner vorstellen, dass wir in eine Rakete steigen und zum Mond fliegen. Heute ist es selbstverständlich. Keine Fiktion – sondern Wahrheit. Es gibt vielleicht auch schon vieles mehr nur wir erfahren es nicht weil sich damit weniger Geld verdienen lässt. Darum landen viele gute, und zum Wohle der Menschheit und letztendlich auch zum Wohle für dich, Pläne in den versperrbaren Schubladen gieriger, machtbesessener Frontmänner von Firmen und Konzernen nur um ihre Einnahmequellen nicht zu gefährden.

Ich bete zu Gott, zu Hause, im Freien und überall, dass unsere Rasse nie in die Notlage kommt keine gesunde Nahrung mehr zur Verfügung zu haben. Spätestens dann merken wir dass man Geld nicht essen kann. Ich hoffe in diesem Gebet von vielen Menschen unterstützt zu werden. Die Kraft des Gebetes besteht darin, dass sich viele Menschen bündeln und gleichzeitig an Gott denken. Die Kirchen haben schon ihren Sinn, doch nicht der Prunk der darin herrscht, sondern das gemeinsame Gebet.

Stellt euch einen Parabolspiegel vor. Je größer desto weiter gehen die Schallwellen ins All hinaus.

All = All umfassendes

Ich behaupte du bist unser Mutterkuchen. Möchtest du das?

☹ Ja das können wir so stehenlassen. Ich bin euer Mutterkuchen und ihr meine Embryo. Ich gebe euch alles was ich habe. Ich trinke keinen Alkohol, ich rauche nicht, ich ernähre euch gesund. Doch wie dankt ihr es mir? Ich würde meinen euer Dank fällt sehr dürftig aus und zusätzlich tut ihr mir auch noch weh.

☐ Ja ich weiß und das tut mir auch sehr leid. Aber dieser Vergleich gefällt mir. Ich wende ihn gleich bei uns Menschen an.

Beispiel: Eine Frau bekommt ein Baby und ist auf einmal eine liebevolle, ernährende Mutter. Sie gibt alles so wie du und verzichtet auf vieles zu Gunsten ihres Kindes. Sie verlangt keinen Dank. Sie hofft nur darauf, dass ihr Kind ihre Liebe erwidert. Ich habe schon einmal erwähnt, dass wir unsere Sprösslinge materiell viel zu viel verwöhnen. Ein Kind weiß nicht den Werdegang eines Geschenkes oder die Erfüllung eines Wunsches. Es wird auch nicht in die Entstehung eingebunden.

Würden wir ihnen erklären was wir alles dafür tun müssen und auf was wir dafür verzichten, würden sie sicher vorsichtiger mit ihren Forderungen umgehen. Sie würden sicher nicht wollen, dass ihre Eltern 12 Stunden am Tag und mehr hart arbeiten müssen nur weil es eine teure Marken-Jeans sein muss. Zusätzlich verlieren sie auch noch wertvolle, gemeinsame Zeit. Lassen wir doch die Kinder selbst entscheiden was ihnen wichtiger ist.

Erst heute hörte ich im Radio, dass eine neueste Studie ergab, dass jeder dritte Österreicher mit ca. 30.000 Euro in der Kreide steht. Mich hat das nicht überrascht. Es muss in diese Richtung gehen, denn man wird regelrecht dazu animiert alles auf Raten zu kaufen.

Mit Slogans wie „Heute kaufen – in 2 Jahren zahlen, zinsenfrei" wird es einem mehr als leicht gemacht. Warum darauf warten oder gar sparen. Die Sparer sind momentan sowieso die großen Verlierer. Wenig Zinsen und große Unsicherheit. Die Schuldnerberatungsstellen haben alle Hände voll zu tun.

Ich arbeite in einer Schule und habe mit Kindern in der Altersgruppe von 6-18 Jahren zu tun. Ich bemerke bei den Aussagen der Kinder, dass sie keinen Bezug zum Geld haben. Sie kommen mit 50 Euro-Scheinen um sich eine Jause zu kaufen. Ich habe oft nicht so viel im Geldbörserl. Wenn ich sie dann frage woher sie so viel Geld haben bekomme ich Antworten wie – von Mama und wenn sie keines mehr hat geht sie wieder zur Bank.

Liebe Erde – zu deinem Verständnis – die Bank ist ein Haus wo das Geld wächst. Nein – natürlich nicht aber das ist das fundierte Wissen unserer Kinder über Geld.

Mir persönlich wäre es am liebsten wenn wir darüber keinen einzigen Gedanken verschwenden müssten. Ich will auch auf keinen Fall, dass sich die Kinder wegen Geld Sorgen machen. Doch der richtige Umgang damit will gelernt sein. Dass es nicht gutgeht wenn man mehr ausgibt als man hat sollte man schon verstehen.

Nächste Falle „das unsichtbare Geld", die Bankomat-und Kreditkarten. Bei dieser Art von Bezahlung verliert man rasch den

Überblick. Nur Menschen die den Umgang mit Geld gelernt haben können nicht so leicht in diese Falle tappen. Der Einkauf wird neuerdings auch noch viel bequemer von zu Hause, übers Internet, gemacht. Nur nicht zu viel Bewegung machen.

Wir sind in der Hochblüte des Burnout und der seelischen Erkrankungen. Lassen wir an dieser Stelle die Psychiater und sonstige Therapeuten zu Wort kommen würden sie uns die vielzähligen Umstände aufführen die für die Erkrankungen verantwortlich zeichnen. Es sind Ängste aller Art: Geldnöte, Schulden, Stress, schlechtes Gewissen gegenüber den Kindern.

Dies alles verursacht Schmerzen und Krankheiten. Zum Beispiel Psychosomatische Schmerzen die die Seele verursacht.

Hörst du Erde – wir schreien auch um Hilfe.

Manche Menschen fallen so tief und landen als Bettler auf der Straße. Wir gehen an ihnen vorbei und werfen gönnerhaft ein paar Euro in den Hut um unser schlechtes Gewissen damit zu beruhigen.

Andere wiederum wollen ein so menschenunwürdiges Leben nicht führen und entscheiden sich dafür sich zu holen was sie brauchen. Selbst auf die Gefahr hin erwischt zu werden, denn im Gefängnis geht es ihnen dann besser als draußen. Manche mögen gar nicht mehr raus. Sie bekommen dort alles was sie zum Leben brauchen. Eine warme Stufe, regelmäßiges Essen, die Möglichkeit zur Körperpflege und eine große Fan-Gemeinde.

Ich würde darüber nicht lachen. Es kann jeden treffen.

Und um den letzten Ausweg auch noch zu nennen: Man kann sich ja auch das Leben nehmen. Viele sagen das ist feige. Ich sage es ist mutig aber es ist auf jeden Fall die schlechteste Lösung. Unterhaltet euch mit Menschen die dieser Gefahr mutig entgegengetreten sind, mit oder ohne Hilfe, was für sie noch wichtig ist. Ihr werdet sie alle sagen hören, und zwar ausnahmslos, dass die Gesundheit das wichtigste Gut auf Erden ist. Geld und Macht hat keinen Wert mehr.

Freilich, da wir es selber erschaffen haben, brauchen wir es, doch es ist uns zu wichtig geworden.

Wir wollen jeglichen Luxus. Mindestens zwei Autos pro Familie. In der Früh gibt es während der Schulzeiten viele Staus, denn auch zur Schule werden die Kinder gefahren. Im Unterricht sind sowieso schon viel zu wenig Turnstunden berücksichtigt. Die schrecklichen Folgen sind übergewichtige, kranke Kinder. Haltungsschäden durch langes, nicht richtiges Sitzen, sind an der Tagesordnung. Dazu kommen die schweren Schultaschen. Die Ärzte schlagen schon Alarm.

Die Kinder sind krank an Körper und Seele. Sie haben keinen Bock mehr auf unser stures, längst veraltetes, Schulsystem.

Jede Generation hat die Pflicht ihr Wissen an die nächsten Generationen weiterzugeben. Es darf aber an der Möglichkeit der Art und Weise wie man dieses Wissen vermittelt experimentiert und dem Zeitgeist entsprechend verbessert werden.

Der Mensch ist ein Gewohnheitstier und verlässt

ungern bekannte Pfade. Doch trauen wir uns die Veränderungen zu. Was kann schon passieren? Gar nichts, außer dass wir dazulernen. Na Bravo!

Schnarch ch ch ch…..

Wer schnarcht denn da? Hallo Erde, bist du das. Sag mir doch einfach wenn ich dich ermüde. Wir können gerne ein Päuschen machen. Ich weiß schon, dass das was ich dir hier erzähle dich nicht direkt betrifft, doch es kommt indirekt als Bumerang im Guten wieder zu dir zurück. So gesehen sollte es dich schon interessieren.

Schnarch ch ch ch…….

Hab schon verstanden. Dann bis  Morgen.

☐ He, Erde hörst du mich. Ich wär schon wieder so weit. Mich hat gerade eine Meldung im Radio ziemlich deprimiert. Es hat sich wieder einer das Leben genommen weil er sich sein Leben nicht mehr leisten konnte.

Bäng ! – Diesen Satz muss man hinterfragen. Was kostet ein Leben?

☹ Tja, liebe Lydia das musst du mir erklären. Ich habe viele Sorgen aber diese nicht.

☐ Also ich würde meinen ein Leben ist unbezahlbar. Dieses einmalige Geschenk wird mit dem Tode bezahlt. Dafür brauchst du nicht sparen. Sparen musst du für die Beerdigung.

Doch ganz so einfach ist es natürlich nicht. Wenn man viel Leben in sein Leben bringen will, dann kostet das schon etwas. Problematisch wird es wenn man zu viel will.

Zählen wir mal die Grundbedürfnisse auf:

Nahrung (Essen und Trinken), Kleidung, Wohnung, Strom, Heizung, Medikamente.

Was davon lässt sich ohne Geld (Einkommen) bewerkstelligen?

Nahrung muss ich kaufen oder selber anbauen. Zum Anbau benötige ich Saatgut und die nötige Anbaufläche.

Wasser gibt es noch gratis und in guter Qualität.

Kleidung muss ich kaufen oder selber anfertigen. Dazu benötige ich die Grundmaterialien wie Stoff, Nähmaschine, Strom, Garn, Knöpfe, Reißverschluss usw.

Wohnung muss ich mieten oder selber ein Haus bauen. Dazu braucht man viel Geld. Das passiert meistens auf Krediten mit viel zu hohen Zinsen.

Strom muss ich kaufen außer ich erzeuge ihn selbst. Mit Wasserkraft oder Sonnenenergie. Dazu benötige ich Kollektoren. Die Anschaffung ist wiederum ohne Geld nicht möglich.

Heizung Dabei kommt es auf die Art der Beheizung an. Öl und Gas und Strom kosten. Wenn ich mit Holz heize kann ich mir das Material aus dem Wald holen. Dazu fällt mir ein netter Witz ein:

Ein Mann geht in den Wald und fällt Bäume. Der Förster erwischt ihn dabei und fragt was er da mache. Darauf der Mann: Ich sammle Hasenfutter. Der Förster ganz empört – Der Hase frisst kein Holz du Dummkopf. Darauf der Mann: Wenn der Hase es nicht frisst dann muss ich es verheizen. Du siehst, alles eine Sache der Auslegung.

Medikamente – Krank sein ist teuer. Wir sind zwar sozialversichert doch die Rezeptgebühr schlägt enorm zu Buche wenn man regelmäßig und auf längeren Zeitraum Medikamente braucht. Alternativ gäbe es viele Heilkräuter doch wer kennt sich da noch wirklich aus. Und das Erschreckendste ist, dass diese in der Apotheke noch mehr kosten als die Schulmedizin.

Dazu fällt mir noch der Zahnersatz ein. Ich verstehe einfach nicht warum dieser nicht in den Leistungen der Sozialversicherungen enthalten ist. Die Zähne sind ein wichtiger Bestandteil unseres Körpers. Kein Luxus sondern lebensnotwendig. Die Weigerung der Kostenübernahme eines vernünftigen Gebisses fördert die Zwei-Klassen-Gesellschaft. Nur finanziell besser gestellte können sich schöne Zähne leisten. Die anderen Pfeifen aus den Löchern oder müssen ihre Zähne am Abend ins Glas legen. Ein schrecklicher Gedanke.

Auch deren Kinder müssen mit Zahnfehlstellungen leben, denn

eine Zahnspange ist für sie nicht erschwinglich.

Viele, teure Operationen (auch Schönheits-OP´s) werden ohne mit der Wimper zu zucken bezahlt. Am liebsten würde ich die Krankenkassenmanager mit meinen noch sehr gesunden und starken Zähnen in den Hintern beißen.

Du siehst liebe Erde – ohne Geld kein Leben.

Das Experiment Mensch ist ziemlich aus dem Ruder gelaufen. Du hast in diesem Punkt leicht reden dich gibt's nur einmal. Glauben wir zumindest. Uns gibt es millionenfach in den verschiedendsten Ausführungen.

Wir werden noch viel mehr werden da die natürliche Auslese durch die immer besser werdende ärztliche Versorgung wegfällt. Diese Behauptung trifft nur für die reichen Länder zu.

Ich wünsche mir, dass wir geistig wachsen und weniger an den materiellen Dingen hängen. Wir wissen alle dass wir materielle Dinge nicht mitnehmen können wenn wir sterben und doch streben wir danach es anzuhäufen. Das letzte Hemd hat keine Taschen.

Geistige Nahrung ist von Nöten wenn wir überleben wollen. Es stellen sich uns immer wieder neue Herausforderungen. Krankheiten wie Krebs, Aids, Ebola können wir noch immer nicht heilen. Hunger und Armut dürfte es gar nicht geben..

Das sind wichtige Aufgabenstellungen unseres Jahrhunderts. Da soll alles möglich sein für Forscher, Chemiker, Physiker, Mathematiker usw……….. Das kommt uns allen zugute. Ich kann mir nicht vorstellen, dass irgendjemand nicht meiner Meinung ist.

Wenn wir jetzt eine ganz einfache Milchmädchenrechnung aufstellen kommen wir zu dem Schluss:

„Es ist unser aller Geld"

Ich kann jetzt wiederum nur für mich sprechen, wobei ich überzeugt bin, dass sich viele meiner Ansicht anschließen werden dass mein (unser Geld) in dunklen Kanälen verschwindet. Es soll auch nicht für die Waffenerzeugung dienen, denn wir wollen keinen Krieg. Und wenn wir keinen Krieg wollen brauchen wir auch keine Waffen. So einfach ist das. Ich weiß, das klingt naiv. Wird aber trotzdem mein Wunschdenken bleiben und vielleicht wird es einmal wahr.

Krieg ist ein Mittel um Menschen auf legalem Wege zu ermorden und sich Dinge einzuverleiben die einem nicht gehören.

Dazu passt die momentane, finanzielle Notlage des Bundesheeres. Es muss gespart werden aber wo setzt man an. Die

Millitärmusik? Man will uns verarschen. Wie wir wissen dient das Bundesheer zur Landesverteidigung und der Friedenssicherung. Aber nicht nur – sondern auch für Katastropheneinsätze. Das alles macht für mich Sinn und braucht Geld.

Doch alles andere wie z.B. Atombomben brauchen wir nicht. Wir wissen alle, dass wenn wir sie einsetzen müssen sowieso alles vorbei ist.

Ein Beispiel: Ich drohe meinem Kind mit einer gesunden Watsch´n wenn es unartig ist. Wenn diese Watsch´n aber mehrmals ausbleibt nimmt sie mich nicht mehr ernst.

Genauso verhält es sich mit den Atombomben. Diese Mittel kann und darf man nicht als Drohung verwenden. Also warum in Gottes Namen fließen in diese Projekte Gelder?

Macht oder Unabhängigkeit kann man auch anders demonstrieren. Klugheit und Diplomatie sind viel bessere Waffen und schaffen vor allem kein Elend.

Aus mir sprudelt es nur so heraus. Kannst du mir noch folgen?

☹ Deine Euphorie ist ansteckend. Doch ich stehe nicht im Boxring. Ich schaue nur zu. Noch ist es ein ungleicher Kampf doch ich halte dir und deinen Mitstreitern die

Daumen. Ich habe zwar keine aber du weißt wie ich es meine.

☐ Ich danke dir in unser aller Namen. Es geht schließlich um unser aller Zukunft.

Was mich auch sehr traurig macht ist der momentane Trend zur Wurschtigkeit und zur Resignation. Vielen Menschen fehlen die Perspektiven. Die Arbeitslosigkeit ist so hoch wie nie. Unsere hart erkämpften Arbeitsrechte werden stetig untergraben und umgangen. Die Betriebsräte sind keine Arbeitsvertreter mehr sondern auf der Betriebsseite anzusiedeln. Die Gewerkschaften haben ihr Gebiss verloren. Kein Wunder – zu teuer Den Letzten (Arbeitnehmer) beißen die Hunde. Es ist alles sehr frustrierend da will man nicht mal mehr aus dem Haus gehen.

Das Grundrecht für jeden Menschen, sich sein Leben durch Arbeit zu verdienen, ist außer Kraft gesetzt. Wenn man beim Arbeitsmarktservice vorstellig wird kommt man sich wie ein Bettler vor.

Vor lauter Frust verkriechen sie sich in ihren vier Wänden. Man kann im Internet von zu Hause aus einkaufen. Wie praktisch. Wir kaufen uns (für kurze Zeit) glücklich obwohl wir es uns gar nicht leisten können. Die großen Einkaufszentren werden immer mehr. Kaufen und wegwerfen statt reparieren. Es bleibt uns nichts anderes übrig denn die Geräte sind so produziert, dass sie nach ein paar Jahren kaputt gehen und der ganze Schrott belastet unsere Umwelt. Die Reparaturen sind fast so teuer wie ein neues Gerät. Aber wir haben ja schöne Abfallcontainer mit bunten Deckeln. Deckel zu und weg ist der Mist.

Genauso halten wir es mit unseren Mitmenschen. Wir sehen und hören welche schlimmen Dinge auf der Welt passieren und tun dennoch nichts um etwas daran zu ändern. Ich glaube es fehlt uns an **MUT**. Wir sind allesamt feige und faul geworden. Sollen doch andere (fragt sich wer) etwas tun. Der

Schleier der Ohnmacht wird darübergelegt.

Ich lege jetzt eine Beichte ab. Ich gehöre auch nicht zu den Mutigen. Doch ich weiß, dass es da draußen irgendwo mutige Leute gibt die aber alleine nichts erreichen können. Wenn sie aber viele gleichgesinnte Mitstreiter bekommen wird ihr Mut auf alle überfließen und dann Gnade Gott den Unterdrückern, den Tyrannen und den Ausbeutern.

Du wirst jetzt denken: und schon wieder eine Führungsperson. Ja, der Mensch ist ein Herdentier. Er braucht Führung. Die Betonung lege ich auf Führung!

Chancengleichheit für alle Lebewesen. Meine Vorstellung vom Leben mag sehr kindlich erscheinen aber ich denke es wäre eine Möglichkeit um Neid und Missgunst auszuschließen.

Jeder kann selber entscheiden wie viel er arbeiten will um Dinge zu besitzen. Will er das nicht ist es seine eigene Entscheidung. Was im Zuge des Besitzens im Hintergrund entsteht ist dass sich die Menschen einigeln und immer mehr vereinsamen. Sie horten ihr Geld unter dem Kopfpolster und sparen fleißig damit sich die Erben dann schön drum streiten können. Wenn man lebt soll man geben und sich an der Freude des Beschenkten laben.

Viele gönnen sich nichts oder sehr wenig und machen es den künftigen Erben zum Vorwurf.

Zurück zum Alleinsein: Ich würde mir einen Untermieter nehmen oder in eine Alters-WG ziehen. Stell ich mir lustig vor. Kartenspielen, Essen, Schlafen, Spazierengehen, hin und wieder ein Glaserl Wein und vielleicht einen Joint und vieles mehr. Einen Gemeinschaftsraum und jedem einen Raum für sich alleine. Vor allem aber kann man sich gegenseitig helfen. Zusätzlich eine enorme Kostenersparnis bezüglich Miete und Betriebskosten. Klingt das nicht herrlich?

Alternativ gibt es dann noch Betreutes oder betreubares

Wohnen und letztendlich die Altersheime. Die sind sehr schön und alles neu doch gibt es dort nur mehr Einzelzimmer. Ich sage aus dem Grund leider weil die Menschen die nur mehr im Bett liegen nicht mehr aus dem Zimmer kommen und dort sehr einsam dahinvegetieren. Ich finde das traurig.

Wenn ich Baumeister wäre würde ich ein Altersheim mit integrierter Kinderspielstätte bauen. Die Kinder brächten wieder Leben in die Bude. Selbst im Himmel ist es allein nicht schön.

Ich möchte fast behaupten dass viel Besitz nicht glücklich sondern krank macht. Der Besitz lächelt dich nicht an und er sagt auch nicht Danke. Er küsst dich nicht. Er streichelt dich nicht.

Ganz im Gegenteil – er knebelt dich, er treibt dich an immer mehr zu arbeiten anstatt zu genießen.

Heute hatte ich das Glück meinen Lieblingskabarettisten im Fernsehen bei „Heute Leben" bei seinen Ausführungen über seinen Ausstieg aus den Systemen zuhören zu können.

Weißt du Erde, er kämpft für dein Wohlergehen. Er lebt auch all das was er sagt. Er behandelt dieselben Themen die ich hier im Laufe des Schreibens aufzeige und zum Nachdenken animiere.

☹ Willst du mir seinen Namen nennen?

☐ Oh, nein das mache ich nicht, denn ich weiß ja nicht ob es ihm recht ist. Aber sei versichert es kennt ihn jeder. Er lebt jetzt im Sein und nicht im Haben und er wirkt sehr glücklich. Ich wünsche mir, dass er für viele ein Anreiz ist ihren Lebensstil zumindest zu überdenken.

Und nun ein skurriles Erlebnis von meiner Seite. Heuer, 2014, war ich in Urlaub in der Toskana und besuchte natürlich die Stadt Florenz. Beim Schaufensterbummel machte ich eine Entdeckung die ich bislang so noch nicht kannte. Dort standen schöne, männliche Schaufensterpuppen an den Eingängen von Geschäften wie

Prada, Gucci usw… tatsächlich waren es keine Puppen, sondern Sicherheitsmänner. Diese Tendenz ist steigend erfuhr ist später. Man kann sagen – diese Branche boomt.

☹ Kannst du mir bitte erklären warum ihr eure Konsumgüter beschützen müsst.

☐ Ich werde versuchen es dir nicht von der menschlichen Seite zu erklären. Also du bist nicht alleine. Es gibt mehrere Erden. Da gibt es zum Beispiel die Erde Namens „Reichtum" wo die Bewohner alles im Überfluss haben. Dann gibt es die Erde Namens „Mittelstand" denen es auch gut geht. Dann gibt es die Erde Namens „Armut" und denen fehlt es an allem. Eines Tages beschließen die Bewohner der Erde **Armut** sich der Ungerechtigkeit der Verteilung zur Wehr zu setzen und beschließen sich etwas von der Erde **Reichtum**

zu holen. Und da kommen jetzt die Schutzmaßnahmen der Reichen ins Spiel. Soweit alles klar?

☹ Ja aber so was von klar. Seid ihr irre? Warum lasst ihr so etwas zu? Ihr braucht unbedingt eine gute Strategie. Was macht die Erde Namens **Mittelstand**?

☐ Das ist eine gute und berechtigte Frage. Zum jetzigen Zeitpunkt rutschen stetig Mittelständler zu den Armen ab.

Genaugenommen sind Mittelstand und Armut in der Überzahl. Keine schöne Statistik aber wahr. Welche Chancen wittern wir um diese Gegebenheiten zu verändern?

Zwischendurch ein Spruch der mir gut gefällt. „Wenn du etwas besitzt und es nicht würdigst, wird es dir zum Fluch". Ich erlaube mir dies sogar noch etwas auszuweiten. Nicht nur die Würdigung trägt zum Segen bei sondern auch die Art wie ich es erworben habe und wie ich damit umgehe. Kann ich mich Abends noch in den Spiegel schauen. Bin ich bereit etwas davon abzugeben und erfreue ich mich an der Freude des Beschenkten.

Jetzt sind wir in der Adventzeit wo wir uns alljährlich besinnen, dass wir auch für unsere Mitmenschen da sein sollen. Dass wir mit Spenden helfen können. Die Aktion „Licht ins Dunkel" ist mittlerweile bereits eine Initiative der sich keiner entzieht. Prominente stellen sich in den Dienst der Sache und tun damit Gutes. In dieser Zeit sind wir sensibler und geben mehr als sonst. Doch der Brauch des gegenseitigen Schenkens in den Familien und unter Freunden an Weihnachten geht mir so gegen den Strich. Warum muss man schenken? Jesus hat Geburtstag und nicht wir. Jedes Jahr das gleiche Theater. Was soll ich schenken? Wenn ich es nicht weiß, dann irgendetwas – wird sowieso umgetauscht. Frust und Enttäuschung sind die Folge. Streitereien und Vorwürfe. Und schon ist der „Heilige Abend" ein Massacker. Es wäre so viel einfacher nichts zu schenken und auch nichts zu erwarten. Schenken wir uns doch Zeit füreinander. Sie kostet nichts und ist dennoch in Zeiten der Hektik sehr kostbar. Alle Generationen um einen Tisch. Keiner ist alleine und keiner ist traurig. Das ist das schönste Geschenk das wir Jesus machen können.

Die Wünsche gehen schon ins Uferlose. Die Schenkenden machen Schulden damit sie nicht mit leeren Händen dastehen. Das ist doch verrückt, oder? In den Geschäften wird man zwei Monate vorher schon mit allen Mitteln auf Weihnachten aufmerksam gemacht. Mit Weihnachtsmusik bis sie dir zum Hals heraushängt. Es wird geworben was das Zeug hält. Der größte Ramsch wird in der Werbung so toll verpackt und mit prominenten Gesichtern angepriesen. Das muss man dann natürlich haben. In Wirklichkeit brauchen nur schlechte Produkte eine aufregende Verpackung wobei die Verpackung ja zusätzlich wieder zur Umweltvermüllung beiträgt. So sind wir Menschen. Wie bist du? Erzähle……

☹ Ich, was soll ich erzählen. Ich bin ein Planet. Einer der von euch besiedelt wurde. Ich akzeptiere Euch doch ihr fresst mir schön langsam die Haare vom Kopf. Ich habe auch einen Weihnachtswunsch. Ich wünsche mir ein Pflegeshampoo aus Liebe gemacht. Ich habe niemanden der mich in den Arm nimmt. Ich frage dich – heißt „Mutter Erde" immer nur geben?

☐ Ich höre große Verzweiflung aus deinen Worten heraus. Ich danke dir von ganzem Herzen für deine unendliche Geduld. Sie wird belohnt werden. Viele Weichen sind schon auf Umkehr gestellt. Viele sehen schon ein, dass es so nicht weitergehen kann.

Wir schreiben das Jahr 2015. Zum Jahreswechsel wurden wieder viele Raketen in den Himmel geschossen die mit Wünschen und guten Vorsätzen gespickt waren. Die guten Vorsätze sind meistens Mitte Jänner schon wieder vergessen.

Ich hoffe auf die Vernunft meiner Rasse, dass wir uns auf unsere wahre Aufgabe besinnen – nämlich zu leben – zu wachsen – zu lernen um uns weiterzuentwickeln. Ich weiß nicht was Zeit für dich bedeutet. Wir Menschen haben von Anbeginn bis jetzt schon viel erlebt. Unser Begriff von Zeit ist nicht deine Zeit. Wir leben nicht unendlich und die Angst vor dieser, unausweichlichen Tatsache sitzt uns im Nacken. Diese Unklarheit was mit uns nach dem Tod passiert macht uns zu schaffen. Ist es überhaupt erstrebenswert ewig zu leben oder nicht die Gelassenheit des Alters zu kennen.

Die jüngsten Ereignisse (Anschläge und Geiselnahmen), wo es wieder viele unschuldige Opfer gab, haben gezeigt, dass der Weltfrieden gefährdet ist. Es gibt fanatische Gruppen die Hass predigen und die die Unzufriedenheit und die Hoffnungslosigkeit der Menschen ausnutzen. Es sind 54 Millionen Menschen weltweit auf der Flucht. Das sind mehr als im Zweiten Weltkrieg.

Meiner Meinung nach sollten wir uns auch nicht immer in die politischen Angelegenheiten anderer Länder einmischen. Wenn es Staaten gibt die einen Diktator brauchen dann sollen sie ihn haben. Es ist ihre eigene Überzeugung. Wir wollen ja auch nicht dass uns jemand dreinredet.

Welche Motivationen waren bislang Auslöser für Kriege? Um ein paar zu nennen: Besitz, Freiheit, Religionen, Eifersucht, Macht, Bodenschätze…..

All das hatten wir schon. Es darf sich nicht mehr wiederholen.

Unsere Motivation muss sein den Frieden zu erhalten, keinen Rassenhass mehr zuzulassen,

Religionsfreiheit, Demokratie, Reichtum, Wissensgier, Forschergeist, Chancengleichheit, gegenseitige Akzeptanz und das Beste von Allem - L i e b e.

Dazu gehört auch die Liebe zu den Tieren. Wir versklaven sie anstatt sie so zu nehmen wie sie sind – nämlich perfekt. Ich möchte dazu ein Beispiel geben.

Die Bienen: Sie haben eine sehr wichtige Aufgabe im Öko-System. Sie bestäuben die Blumen, Sträucher und Bäume und machen den kostbaren Honig. Ein Leben ohne Bienen und ohne den guten Honig ist kaum vorstellbar. Wie danken wir es ihnen? Wir vergiften sie mit unseren Spritzmitteln. Die Arbeit der

Bienen dürfen dann unsere vielen Arbeitslosen übernehmen. Ich sehe das Bild vor mir wie sie mit Pinzetten bewaffnet jede einzelne Blüte bestäuben und den Nektar sammeln.

Wir müssen uns endlich bewusstwerden, dass alles wie es ist einen Sinn macht und wenn wir es verändern kommt Unordnung ins System. Die Tiere sind nicht unsere Untertanen. Sie sind unsere Wegbegleiter die uns unser Leben verschönern, versüßen und bereichern. Sie verdienen unsere Achtung denn sie sind genauso viel wert wie wir. Sie sind treue und zuverlässige Wesen. Jeder der ein Haustier hat und es liebt, weiß wie viel Freude sie einem bereiten.

Und diese Liste der falschen Verhaltensmuster ist lang. Weil es so ist muss es nicht so bleiben. **Bewusstmachung** und **Veränderung** - das sollen unsere Ziele sein. In diesem Falle sind beide erwünscht. Nicht jedoch wie im Satz oben bei den Bienen.

Es sind unsere Muster die nicht stimmen und nicht die des Systems.

Also ich und viele andere gehen davon aus, dass wir nach dem Tode wieder inkarnieren. Das heißt, dass wir uns jetzt unsere Rahmenbedingungen für das nächste Leben gestalten. Wenn wir klug sind schauen wir darauf, dass wir in eine friedliche, lebenswerte Welt, wiedergeboren werden. Wir dürfen nicht zulassen, dass Hassprediger unsere Werte zerstören und in Frage stellen. Sie haben nicht unser Wohlergehen vor Augen sie wollen nur Macht. Sie wittern die Chance ihre Interessen geltend zu machen.

Stellen wir uns die Frage – wo und bei wem gelingt es Unfrieden zu stiften. Natürlich bei denen die nichts zu verlieren haben. Im materiellen Sinn sowie beim Gedankengut. Fragen wir uns auch wie es passieren kann, dass Minderjährige schon zu gewaltsamen Handlungen neigen.

Meine Thesen: Sie sind voller Aggressionen, Wut, Zorn gegen die Gesellschaft. Es fehlt ihnen an Idealen und Wertvorstellungen und vor allem an Liebe und Zeit in ihren Familien. Auch im Glauben finden sie keinen Halt. Die Jugend will mit der Kirche nichts zu tun haben. Sie ist veraltet und zu konservativ. Ein Hoffnungsschimmer dass sich diese Zustände ändern ist der neue Pabst Franziskus. Ich bin überzeugt dass er die große Wende einleitet.

Für viele Jugendlichen ist Familie ein Fremdwort. Die heutigen Eltern und Großeltern sind gestresst und überfordert. Sie müssen häufig über ihre Leistungsgrenzen gehen um ihre

Familien zu versorgen und den überzogenen Forderungen nachzukommen. Ein richtiger Teufelskreis. Schade nur – denn so gehen wir am richtigen Leben vorbei.

Unsere selbstgewählten Politiker haben nichts Wichtigeres zu tun als uns vorzuschreiben ab wann und wo man rauchen darf. Jetzt müssen die Wirte ihre Tische vor dem Lokal aufstellen denn drinnen ist es fast leer weil alle draußen stehen und rauchen. Im Sommer ok – im Winter raucht man weniger. Kein Mensch wird zum Rauchen aufhören weil es verboten ist. Verbotenes hat einen besonderen Reiz. Ich sehe auch nicht ein warum wir uns das vorschreiben lassen müssen. Mündige Bürger dürfen selber entscheiden – oder Nicht?

Meiner Meinung nach sind das nur Ablenkungsmanöver von den richtigen Problemen. Nämlich **JOBS** zu schaffen. Der Jugend Chancen einzuräumen um ihre Träume verwirklichen zu können und sie beim Erreichen ihrer Ziele zu unterstützen.

Ich werde jetzt ein bisschen dramatisch. Ich sehe uns schon mit einem Chip, im Rücken eingebaut herum marschieren, der uns lahmlegt wenn wir nicht parieren. Ist trotzdem ein bisschen humaner als Konzentrationslager oder Vergasung.

☹ Jetzt frage ich mich schön langsam wer hier um Hilfe schreit. Ihr oder Ich?

Du bist mir nicht böse wenn wir uns wieder meinen Problemen mit Euch zuwenden und uns auf deren Lösung konzentrieren.

Ich muss mich ständig verändern und anpassen weil ihr in meine Systeme eingreift. Mein Eis schmilzt und führt zum Anstieg des Meeresspiegels. Das Meer selber wird bald zum Friedhof wenn ihr so weiterfischt.

☐ Weißt du dass viele Fischer vom Fischfang leben. Sie leben am und mit dem Meer und ernähren ihre Familien damit. Das finde ich in Ordnung. Das Problem sind die großen Fischkutter die mit ihren riesigen Netzen tonnenweise Fische fangen. Sie gefährden den Bestand. Es ist ein unfairer Kampf. Die Fische haben keine Chance.

Darüber hinaus gefährden sie auch das Überleben der kleinen Fischer samt ihren Familien. Viele kleine Fischerdörfer sind schon fast menschenleer. Absiedlung, weil sie immer weniger Fische fangen, ist die Folge.

☹ Eure Tiere sind da gescheiter. Die wissen wann sie genug haben. Bitte begreift endlich, dass ihr euer Geld und eure Besitztümer nicht essen könnt. Sie garantieren euch nicht euer Überleben.

☐   Ich bin schon so grantig auf unsere Rasse. Sag das nicht mir. Ich habe schon begriffen. Ich tu mein Bestes, mit allen mir zur Verfügung stehenden Mitteln, um die Massen aufzuwecken. Ich fange schon bei den ganz kleinen an.

☹ Wenn ihr nicht besser auf mich und meine Ressourcen achtet werde ich euch über kurz oder lang die kalte Schulter zeigen – und dann Gute Nacht.

Ich will dass meine Hilferufe erhört werden.

Zum Wohle aller Beteiligten.

☐   Ich bedanke mich bei dir für deine Aufmerksamkeit und dein Verständnis.

In Liebe und im Namen der Menschheit.

Lydia

☹ Was, war´s das? Bitte nicht, ich habe so gerne mit dir geplaudert. Ich geb ja zu, dass ich nicht immer zu hundert Prozent bei der Sache war. Du hast so vieles erzählt womit ich nichts anfangen konnte aber dein Mitgefühl für meine Probleme hat mir so gut getan.

Ich fühle mich von dir gut vertreten.

Ich habe noch eine Frage an dich. Bist du jetzt offiziell mein Anwalt?

☐   Ja, das kann ich dir versprechen. Solange ich kann werde ich für deine Rechte kämpfen. Genaugenommen bin ich auch dein Arzt denn ich sorge auch für deine Gesundheit.

☺ **D a n k e**

Herstellung und Verlag:
BoD - Books on Demand, Norderstedt
ISBN 978-3-7347-6910-8